Reinhard Abeln
Heilkraft Hoffnung

Reinhard Abeln

Heilkraft Hoffnung

Wie unser krebskrankes Kind gesund wurde

Verlag Butzon & Bercker Kevelaer

Mitglied der »verlagsgruppe engagement«

CIP-Kurztitelaufnahme der Deutschen Bibliothek

Abeln, Reinhard:
Heilkraft Hoffnung: wie unser krebskrankes Kind gesund wurde / Reinhard Abeln. – Kevelaer: Butzon und Bercker, 1984.
ISBN 3-7666-9364-6

ISBN 3–7666–9364–6

Umschlagfoto: Fernand Rausser.
Herstellung: Bercker Graphischer Betrieb GmbH, Kevelaer.

Inhalt

FÜNF JAHRE UNGEWISSHEIT

Meinem Sohn Tobias

Vorwort

Es ist besser, sein Kreuz zu tragen,
als zu schleppen.

Bretonisch

„In jedem Menschenleben", schreibt Phil Bosmans, Leiter einer überkonfessionellen Bewegung (Bond zonder naam) in Antwerpen, „stößt du früh oder spät mit deinem Kopf gegen den häßlichen Querbalken, der dein Leben zu einem Kreuz macht. Du wirst krank. Du verunglückst. Ein geliebter Mensch stirbt. Dein Berufsweg wird durchkreuzt. Du wirst betrogen, im Stich gelassen durch den eigenen Mann, die eigene Frau. Man arbeitet gegen dich. Man macht dich fertig. Du kannst nicht mehr."

Weiter heißt es: „Dieser Querbalken kann alle Formen und Ausmaße annehmen. Er nimmt keine Rücksicht auf Titel und Position, auf Namen und Ansehen, weder auf die Dicke deiner Brieftasche noch auf deine Beziehungen oder deinen Erfolg bei den Menschen. Du bist glücklich, alles läuft wunderbar. Und plötzlich... dieser schreckliche Querbalken. Er kann dir so zur Qual werden, daß du – zermürbt, zerschlagen – den Tod herbeisehnst."*

Das Kreuz ist eine Realität in jedem Menschenleben. „Jedes Haus hat sein Kreuz", sagt ein holländisches Sprichwort. Ich habe dies zum erstenmal erfahren, als

* Vergiß die Freude nicht. Verlag Herder, Freiburg i. Br. [38]1983, S. 88.

mein Sohn Tobias im Alter von dreieinviertel Jahren an Nierenkrebs erkrankte. Plötzlich war auch in meiner Familie das Kreuz da. Meine Frau und ich waren aufgerufen, mit diesem „häßlichen Querbalken" fertigzuwerden, seine Last zu tragen, ohne daran zugrundezugehen. Wir haben es versucht, so gut wir es konnten.
In diesem Buch möchte ich von dem Kreuz erzählen, das uns eines Tages wie aus heiterem Himmel traf. Ich möchte – aus der Erinnerung heraus – noch einmal darstellen, wie alles anfing, wie die Krankheit des Kindes plötzlich den Alltag der Familie bestimmte, welche Sorgen und Schwierigkeiten, Kümmernisse und Ängste über uns hereinbrachen und wie wir uns bemüht haben, Sinn und Aufgabe des Kreuzes begreifen und ertragen zu lernen.
Ich betrachte es als meine Aufgabe, durch die Veröffentlichung der Krankengeschichte meines Sohnes allen Menschen, die in einer ähnlich schwierigen und ausweglos scheinenden Situation sind, ein wenig Mut zu machen. Ich möchte denen, die verzweifelt der gefährlichsten und gefürchtetsten Krankheit unserer Tage, dem Krebs, gegenüberstehen, helfen, das ihnen auferlegte Los anzunehmen, zu tragen und sinnerfüllt zu bewältigen.
Allen, die auf der Suche nach dem Sinn scheinbarer Sinnlosigkeit sind, die im Leben plötzlich keinen Lichtblick mehr sehen, die in Ungeduld auf Heilung warten, die im Kampf gegen die Krankheit in der eigenen Familie von Sorgen und Nöten geplagt sind, möchte ich einen Satz mit auf den Weg geben, der mir persönlich sehr viel geholfen hat: *„Man sieht alles anders und viel besser mit Augen, die geweint, und mit Händen, die gebetet haben!"*

Alarmzeichen

„Ein ganz schwarzes Rolle!"

Die Geschichte begann am 22. August 1973. Tobias, damals dreieinviertel Jahre alt, spielte morgens mit seinem um zwei Jahre jüngeren Bruder Simon im Wohnzimmer meiner Schwiegermutter. Es war ein Mittwoch: Meine Frau war in der Stadt und machte Besorgungen; ich war im Verlag und redigierte Manuskripte für die nächste Ausgabe einer Wochenzeitschrift.
Die Kinder waren fröhlich und glücklich, schließlich waren sie ja mit etwas beschäftigt, was für sie von allem Anfang an die wichtigste Sache auf der Welt war: mit dem Spiel. Wer Kinder hat, weiß, wie wichtig das kindliche Spiel für die Erprobung der körperlichen Geschicklichkeit und für die Entfaltung der seelischen Kräfte ist.
Beide Kinder saßen auf dem Boden: Simon spielte mit seiner Klapper, die er immer wieder von sich wegwarf und dann mit allen Kräften wieder zu sich herholte. Tobias baute große Türme und Brücken aus Bauklötzen oder schob geräuschvoll seine Holzeisenbahn kreuz und quer über den schön gemusterten Teppich in der Stube.
Oma, mit der wir zusammen in einem Haus wohnen, hatte ihre Freude an den beiden Kindern. Sie freute sich jedesmal, wenn die Jungen bei ihr waren und sie ihnen bei ihrem phantasievollen und bunten, manchmal sogar abenteuerlichen Spiel zuschauen konnte. Die Kinder hatten sie gern, und Oma hatte die Kinder gern.
Mitten am Vormittag wurde Omas Freude am Spiel der Kinder ganz plötzlich getrübt: Tobias war aufgestanden, um auf der Toilette sein „Wässerle" zu machen, wie es

im Schwäbischen heißt. Dann rief er durch die halbgeöffneten Türen zwischen Badezimmer und Wohnzimmer: „Oma, schau mal, ein ganz schwarzes Rolle!" (Rolle = Urin)
Eilig lief meine Schwiegermutter zu dem Jungen, und in der Tat: Der Urin war blutig. Tobias war ganz stolz über das, was er „gemacht" hatte. Oma aber war maßlos erschrocken, denn das konnte nichts Gutes bedeuten! Mittags erzählte sie meiner Frau und abends mir von ihrer Beobachtung.
Meine Frau und ich waren über das Gehörte ebenfalls sehr erschrocken, maßen aber der Tatsache vorerst keine besonders große Bedeutung bei. Wahrscheinlich lag das an dem Umstand, daß Tobias an diesem Tag keinen blutigen Urin mehr hatte. Wir redeten uns gut zu und sprachen von „Zufall" oder ähnlichem.

Von Zufall kann keine Rede sein

Der nächste Tag (Donnerstag, 23. August) belehrte uns dann, daß von „Zufall" wohl keine Rede sein konnte. Morgens nach dem Aufstehen hatte Tobias wieder einen blutigen Urin. Unbekümmert führte er meine Frau und mich zur Toilette und sagte den schon vom Vortag her bekannten Satz: „Guck mal, schwarzes Rolle!"
Wir waren erschrocken, ratlos. Da stimmte doch etwas nicht! Nun hatte Tobias schon zum zweitenmal dunkelroten Urin ausgeschieden. Hatte der Junge vielleicht etwas gegessen, was dafür verantwortlich sein konnte? Nein, unmöglich, es war ja frühmorgens! Wir beschlossen, den Urin des Kindes den ganzen Tag über genau zu beobachten.

Dabei zeigte sich das gleiche Bild wie am Tag zuvor: Den ganzen Tag über war der Urin normal. Dauernd mußte ich bei meiner Arbeit im Verlag an den Jungen denken. Sollte er vielleicht krank sein? Unmöglich! Ich tröstete mich mit dem Gedanken, daß Tobias doch nie über Schmerzen geklagt hatte, schon gar nicht beim Wasserlassen.
Meine Frau hatte, nachdem der morgendliche Schreck ein wenig abgeklungen war, im Laufe des Tages die Hausärztin angerufen und ihr von unseren Beobachtungen erzählt. Die Ärztin – eine liebe, gütige Frau, die es ausgezeichnet verstand, mit Kindern umzugehen – kannte Tobias von klein auf. Sie mochte ihn sehr. „Bringen Sie mir morgen früh, wenn der Urin wieder blutig sein sollte, gleich eine Probe!" sagte sie.
Und in der Tat: Wieder hatte der Urin am kommenden Morgen (Freitag, 24. August) eine dunkelrote Farbe. Meine Frau machte in einem Gläschen eine Probe zurecht und brachte diese umgehend zur Hausärztin. Am Abend erfuhren wir das Untersuchungsergebnis: Es war Blut im Urin, sehr viel Blut sogar.
„Es wäre gut, wenn Sie sich bald mit dem Kinderkrankenhaus hier in St. in Verbindung setzten", sagte die Ärztin. „Irgend etwas muß mit der Niere oder mit der Blase nicht in Ordnung sein. Ich könnte mir denken, daß es sich um eine Nierenzyste (flüssigkeitsgefüllter Hohlraum) oder um einen Polypen der Blasenschleimhaut handelt. Es wird bestimmt nicht schlimm sein. Lassen Sie den Mut nicht sinken!"
Die Ärztin, die schon meine Frau als Kind behandelt hatte, sprach uns an diesem Abend noch weiterhin gut zu. Sie hatte wohl auf unseren Gesichtern das Erschrekken gesehen, als das Wort vom Krankenhaus gefallen

war. Für meine Frau und mich traten nämlich dabei ganz bestimmte Erinnerungen auf.
Tobias war schon einmal – für drei Wochen – im Krankenhaus gewesen. Als er vierzehn Tage alt war, mußte er am sogenannten „Magenpförtnerkrampf" operiert werden. Er konnte keine Nahrung bei sich behalten und mußte dauernd erbrechen... Das erste bewußte Lächeln als Zeichen erfahrener Zuneigung konnte er darum seiner Mutter nicht entgegenbringen, die es bis heute nicht vergessen hat, sondern das erfuhr eine Krankenschwester.

Tobias muß ins Krankenhaus

Nachdem sie sich telefonisch angemeldet hatte, konnte meine Frau Tobias am Montag, dem 27. August, zur Untersuchung ins Krankenhaus bringen. Sie nahm ihre Mutter mit, wohl um sich ein wenig stärker zu fühlen. Simon war bei einer befreundeten Familie, die sich liebevoll um ihn kümmerte.
„Mut, Christa, nur Mut!" hatte ich noch zu meiner Frau gesagt, bevor ich mit dem Auto morgens in den Verlag gefahren war. Ich sehe heute noch, wie damals meine Frau mit dem Kopf nickte und mich dabei etwas ängstlich ansah. „Ruf mich bitte im Geschäft an, wenn du etwas weißt!" Sie versprach es.
Der Anruf kam um die Mittagszeit. Schon den ganzen Morgen hatte ich unruhig in der Firma gewartet. Im stillen hatte ich mir gedacht, daß sich die Untersuchung wohl etwas hinausgezögert haben müsse. Schließlich gab es ja auch noch andere kranke Kinder, die untersucht und behandelt werden mußten...!

Was meine Frau dann am Telefon erzählte, traf mich wie ein Keulenschlag: Tobias müsse im Krankenhaus bleiben und werde unter Umständen eine Niere verlieren! Die Ärztin, die ihn untersuchte, habe beim Abtasten des Körpers festgestellt, daß mit einer Niere – und zwar mit der rechten – etwas nicht in Ordnung sei. Eine anschließende Röntgenaufnahme habe dies bestätigt.

Die Stimme meiner Frau klang, als ob sie gleich zu weinen anfangen würde, vibrierte immer wieder. Sie sagte weiter, daß die Ärztin noch einen zweiten Arzt hinzugezogen hätte. Auch dieser sei der Meinung gewesen, daß die eine Niere irgendwie verändert, deformiert sei. Wenn sie ihn richtig verstanden habe, sei „das Nierenhohlraumsystem verformt". So oder ähnlich habe der Arzt formuliert.

Als ich das hörte, konnte ich es kaum fassen. Ich war wie gelähmt und dachte nur eins: „Der arme Junge! Nach der ersten Operation nun auch das noch!" Es gelang mir nicht, die aufkommenden Tränen zu unterdrücken. Was meine Mitarbeiter in diesem Moment dachten, war mir völlig egal. Auch ein Mann darf Gefühle haben und weinen. (Viele Männer müssen das heute wohl erst lernen in dieser harten Konkurrenzgesellschaft, die eher die Verdrängung von Gefühlen fördert... Ludwig Bechstein sagt: „Jedes tiefe Gefühl hat seine Tränen" – und das ist ein Satz, der sicherlich Frauen *und* Männer betrifft.)

Weiter erzählte meine Frau, daß Tobias bei den Untersuchungen viel geweint, „gezetert" und gestrampelt habe. Nur mit Mühe habe man ihm die Kontrastflüssigkeit in die Vene des rechten Handrückens einspritzen können, um die Nieren gut röntgen zu können. Immer wieder habe der Junge geschrien: „Ich will nicht! Ich

will heim!" Markerschütternd habe das jedesmal geklungen.
Danach beendeten wir das Telefongespräch. Meine Frau fuhr vom Krankenhaus nach Hause, um die für den Klinikaufenthalt des Jungen notwendigen „Utensilien" zusammenzupacken. Jeder war jetzt wieder mit seinen Gedanken allein.
Meine Schwiegermutter blieb bei dem Jungen im Krankenhaus. Tobias hatte ein Bett auf der Urologischen Abteilung bekommen. Neben ihm saß die Oma, redete ihm gut zu und tröstete ihn. Wie zu Hause erzählte sie ihm die guten alten Geschichten vom Rumpelstilzchen, von Rotkäppchen und Schneewittchen, vom gestiefelten Kater, von den sieben Geißlein und von Dornröschen. So konnte sie den Jungen für einige Stunden von seinem seelischen Schmerz ablenken.

Quälende Gedanken

Im Verlag war ich den ganzen Nachmittag über mit Gedanken an den kranken Jungen beschäftigt. Ich konnte nicht mehr richtig und konzentriert arbeiten. Alles kam mir so fremd und unwirklich vor: mein Schreibtisch, die Stimmen meiner Umgebung, die Sonne, die in mein Arbeitszimmer schien, das Klingeln des Telefons, das Klappern der Schreibmaschinen, die Zeitungen, die Manuskripte...
Ich dachte ständig an meinen Sohn. Quälende Gedanken nahmen mehr und mehr von mir Besitz: Warum war die Niere wohl verformt? War der Junge vielleicht schwer krank? Mußte er unbedingt operiert werden? Ich hoffte insgeheim, die letzten Stunden, besonders das

Telefongespräch mit meiner Frau, würden sich als wirrer Traum erweisen.
Plötzlich hatte ich das Bedürfnis, mit meinen engeren Mitarbeitern über das Gehörte zu sprechen. Ich erzählte ihnen von den Untersuchungen der zwei Ärzte, von der Röntgenaufnahme, von den gemachten Beobachtungen. Danach war mir etwas leichter. Denn wenn man sein Leid aussprechen kann, hat das ja oft eine therapeutische Wirkung. Die Sorge bleibt zwar, aber die Last scheint – wenigstens im Moment – nicht mehr ganz so schwer…
„Vielleicht ängstigen Sie sich ganz umsonst", sagte mir anteilnehmend mein früherer Chef. Ich wünschte inständig, daß er recht behielte. Aber ich konnte es nicht glauben.
Nach Geschäftsschluß fuhr ich gleich ins Kinderkrankenhaus. Zögernd und mit weichen Knien betrat ich das Krankenzimmer. Oma war inzwischen wieder zu Hause und kümmerte sich um Simon. Meine Frau saß an Tobias' Bett und versuchte dem Jungen zu erklären, warum er im Krankenhaus war: „Du bist etwas krank, weil du einen blutigen Urin hast. Aber die Ärztin und die Schwestern werden dich gesund machen. Sie können das."
Andere Kinder werden während mehrerer Tage oder sogar Wochen auf ihren Krankenhausaufenthalt vorbereitet. Uns stand nicht einmal *eine* Stunde zur Verfügung. Trotzdem versuchten meine Frau und ich, dem Jungen den Krankenhausaufenthalt zu erklären. Es war schwer, denn Tobias war mit seinen gut drei Jahren noch zu klein, um das alles – und schon gar in der Kürze der Zeit – verstehen zu können.
Durch Geschichten und Spiele versuchten wir, den Jun-

gen immer wieder von seinen Gedanken abzulenken. Wir versprachen ihm, bis zum Einschlafen bei ihm zu bleiben. Es war ein Glück, daß unser Krankenhaus schon damals unbeschränkte (offene) Besuchszeiten hatte und somit den Eltern die Möglichkeit gab, bis zur Nachtruhe bei ihren kranken Kindern zu bleiben. Dankbar haben wir von dieser sehr sinnvollen Regelung Gebrauch gemacht.

Heute ist es ja inzwischen so, daß die Eltern – Mutter oder Vater – in vielen Krankenhäusern mit ihrem kranken Kind aufgenommen werden können. Dadurch kann die psychische Belastung eines Kindes, die mit jedem Krankenhausaufenthalt nun einmal verbunden ist, weitgehend vermieden werden. Das sogenannte „rooming-in" oder die „Mütter- bzw. Väteraufnahme" ist zum Beispiel in Baden-Württemberg schon in weit mehr als der Hälfte aller Kinderkliniken möglich und wird auch praktiziert. Es wäre zu wünschen, daß in Zukunft alle Krankenhäuser diese Gelegenheit schaffen – zum Wohl der ihnen anvertrauten Kinder!

Gegen 20 Uhr verabschiedeten wir uns an diesem Tage von unserem Sohn: „Schlafe gut heute nacht! Die zwei anderen Kinder in deinem Zimmer schlafen jetzt auch gleich ein. Jeden Tag werden wir dich besuchen kommen. Einer von uns wird immer bei dir sein. Mutti sitzt morgen früh schon wieder an deinem Bett."

Dann gaben wir dem vom Tagesablauf erschöpften Kind den Gute-Nacht-Kuß, streichelten ihm über seine schönen weißblonden Haare und machten ihm ein Kreuzzeichen auf die Stirn. Keiner weinte von uns, denn meine Frau und ich wußten: Tränen würden das Kind bloß verängstigen und beunruhigen.

Wir haben miteinander gebetet

Erschöpft und traurig, sorgenvoll und angsterfüllt kamen wir an diesem Abend zu Hause an. Simon war von der Oma schon ins Bett gebracht worden. Wir aßen kaum etwas zum Abendbrot. Nur eine Frage bewegte meine Frau und mich: Wie wird es weitergehen? Gut? Schlecht? „Was glaubst du wohl?" fragte jeder den anderen. Unsere Gedanken irrten im Kreis. Immer wieder.
Es war plötzlich nicht mehr so wie sonst in unserer Familie. Ein Kind fehlte: Tobias. Nach seiner ersten Operation war er wieder ein munteres Kind geworden, ein fröhlicher Sonnenschein, ein richtiger „Wonneproppen". Als meine Frau einmal mit ihm in einem Park war und der Junge dort im Sandkasten spielte, kam eine Jugoslawin auf sie zu und fragte: „Erlauben Sie mir, daß ich einmal Ihr Kind in den Arm nehme? Es ist so süß!" Meine Frau erlaubte es.
Mit viel Liebe, Zuneigung und Zärtlichkeit war es uns gelungen, daß aus dem seinerzeit kranken Säugling ein körperlich und seelisch gesunder Dreijähriger wurde. Ja, meine Frau und ich waren glücklich darüber, daß Tobias ein richtiger kleiner Lausbub geworden war. Wir hatten keine Sorgen mehr um ihn. Aber jetzt begannen sie wieder.
Bis tief in die Nacht haben wir miteinander gesprochen. Als wir im Bett waren, konnte keiner von uns einschlafen. Dann haben wir miteinander gebetet:
„Vater im Himmel. Heute ist unser Tobias ins Krankenhaus gekommen. Eine Niere scheint nicht in Ordnung zu sein. Wir sind darüber in großer Sorge. Ungeduldig warten wir darauf, daß er wieder gesund wird. Bitte, laß die Krankheit des Jungen einen guten Verlauf und ein

gutes Ende nehmen! Gib uns die Kraft, daß wir die Hoffnung nie aufgeben! Amen."

Lange hatten meine Frau und ich nicht mehr *gemeinsam* am Abend gebetet. Jeder hatte dies immer für sich allein getan – oder nur zusammen mit den Kindern. Jetzt erfuhren wir plötzlich, wie beruhigend und hilfreich das gemeinsame abendliche Gebet der Eheleute sein kann!

Danach war uns wieder wohler zumute, unser Herz war etwas leichter. Irgendwie war uns durch das Gebet eine Antwort zuteil geworden.

„Ich möchte heim!"

Zweiter Tag im Krankenhaus (Dienstag, 28. August): Als meine Frau am frühen Morgen das Krankenzimmer betrat, saß Tobias schon im Bett. Sehnsüchtig und gespannt hatte er auf das Kommen seiner Mutter gewartet. Nun war sie endlich da: welche Freude auf beiden Seiten! Herzlich nahm meine Frau den Jungen in den Arm und drückte ihn ganz fest und lange an sich.

Tobias hatte naturgemäß eine starke Beziehung zu seiner Mutter. Sie war ja diejenige, an die er sich den ganzen Tag mit seinen Anliegen – Freuden wie Ängsten – wenden konnte. Mutter tröstete ihn, wenn er Schmerzen hatte; sie streichelte ihn, wenn er liebebedürftig war; sie erzählte ihm – wie die Oma – schöne Geschichten aus der Welt der Märchen, wenn er einschlafen sollte oder wenn er sich mal nicht wohl fühlte. Kurzum: Sie bot ihm eine Umwelt, die vielfältig, interessant und anregend war! Und sie war immer erreichbar. Und darum war es jetzt auch schön, daß sie an seinem Bett saß,

ihm das Händchen hielt, ihn streichelte, ihm erzählte, ihm das Essen gab, mit ihm spielte. Dazu gab es den ganzen Tag über reichlich Gelegenheit, denn Tobias hatte einen Ruhetag. Er mußte keine weiteren Untersuchungen über sich ergehen lassen: welch ein Trost!
Nach getaner Arbeit im Verlag ging auch ich ins Krankenhaus. Tobias machte auf mich keinen kranken Eindruck. Aber sein Gesicht war blasser als sonst, und in seinen Augen las man deutlich Zeichen von Trauer und Heimweh. In seiner leuchtend gelben Frotteehose und seinem gelb-weiß gestreiften Frottee-T-Shirt, die ihm meine Frau als „Schlafanzug" angezogen hatte, sah er ausgesprochen nett aus.
Ich erzählte dem Jungen ein wenig und spielte mit ihm. So war meine Frau etwas entlastet. Auch aus einem Buch mit Vorlesegeschichten für kleine Kinder las ich ihm vor. Ganz dunkel erinnere ich mich noch an den Inhalt einer Geschichte, die Tobias sehr gefiel: Ein reicher Mann hatte in seinem Garten ganz viele Erdbeeren, mehr als er selbst gebrauchen konnte. Daraufhin lud er Kinder zu einem Gartenfest ein, die so viel essen durften, wie sie wollten. Es waren arme und reiche, dumme und kluge, kleine und große Kinder...
Später hatte ich ein Gespräch mit dem Stationsarzt der Urologischen Abteilung. Er sagte mir, daß der erste Urin des Jungen am Morgen wieder blutig gewesen sei. Für den kommenden Tag sei darum eine Blasenspiegelung vorgesehen, also eine Untersuchung von Blaseninhalt und Blasenschleimhaut. Vielleicht sei eine Blasenentzündung oder ein Blasenschleimhautpolyp für den blutigen Urin des Kindes verantwortlich.
Der Arzt strahlte Tatkraft und Vertrauenswürdigkeit aus. Ich war in diesem Gespräch davon überzeugt, daß

er und seine Mitarbeiter alles tun würden, um den Jungen gesund zu machen. Trotzdem war ich tief erschrokken, als ich mir erklären ließ, wie eine Blasenspiegelung vor sich ging. Ich mußte immerzu an den Jungen denken, an die Angst, die er am nächsten Tag haben würde, an seine Tränen, an seine Not vor der Vollnarkose... Dann gab ich schriftlich meine Einwilligung zu der vorgesehenen Blasenspiegelung.

Im Krankenzimmer war meine Frau immer noch damit beschäftigt, den Jungen abzulenken. Gleiches taten an den beiden Nachbarbetten andere Eltern mit ihren Kindern. Tobias hatte – trotz guten Zuredens – nur wenig beim Abendbrot gegessen. Je später es in den Abend hineinging, desto stärker wurde sein Wunsch, mit uns nach Hause zu dürfen. „Ich möchte heim!" Wir konnten diesen immer wieder geäußerten Satz so gut verstehen. Er tat uns richtig weh in der Seele. Aber es ging doch nicht...!

Bis zum Einschlafen des Kindes blieben wir – wie am Vortag – im Krankenhaus. Wir versuchten, den Jungen noch ein wenig seelisch auf den kommenden Tag vorzubereiten. Doch Tobias verstand es nicht, er *konnte* es nicht verstehen. Er beharrte immerzu nur auf seinem Wunsch mitzukommen. Nach einem gemeinsam gesprochenen Abendgebet verabschiedeten wir uns von ihm. Es war ein Abschied mit viel Tränen...

Abends telefonierte ich noch mit meiner Mutter in Osnabrück. Auch die „Oma Brück", wie Tobias sie immer nannte, war maßlos erschrocken über das, was ich ihr berichtete. Sie konnte das Gesagte kaum fassen. Wir redeten eine ganze Weile miteinander und sprachen uns gegenseitig Mut zu. Zum Schluß versprach sie mir, für Tobias viel zu beten. Das tröstete mich sehr, weil ich wußte, daß sie eine große Beterin war und alle Kümmernisse und Nöte des Lebens dem Herrgott empfahl.

Die Blasenspiegelung

Tags darauf, am Mittwoch, dem 29. August, fand dann die Blasenspiegelung statt. Unruhig wartete ich Stunde für Stunde im Verlag auf einen Anruf – entweder von meiner Frau, die seit dem frühen Morgen wieder im Krankenhaus war, oder von dem Stationsarzt, der die Spiegelung selbst vornehmen wollte. Doch die Zeit verging, ohne daß ich eine Nachricht bekam. Jedesmal, wenn das Telefon klingelte, hoffte ich, vom Ergebnis der Untersuchung zu erfahren. Ich saß wie auf Nadeln...

Gegen 14 Uhr meldete sich endlich meine Frau. Sie teilte mir mit, daß die Blasenspiegelung noch nicht habe stattfinden können, weil eine wichtige Operation dazwischen gekommen sei. Die Spiegelung werde etwa gegen 14.30 Uhr durchgeführt, wie ihr der Arzt soeben gesagt habe. Tobias sei sehr unruhig und ungehalten, weil er bis jetzt hatte nüchtern bleiben müssen. Mit einem Kaugummi habe sie – ohne Wissen des Arztes – versucht, das Hungergefühl des Jungen ein wenig zu dämpfen.

Wir mußten also geduldig weiterwarten. Die Zeit wollte nicht verrinnen. Gegen 16 Uhr konnte ich es im Verlag nicht mehr aushalten. Ich setzte mich in mein Auto und fuhr ins Krankenhaus. Über eine halbe Stunde dauerte die Fahrt, weil ich quer durch die Stadt fahren mußte und um diese Zeit viel Betrieb auf den Straßen herrschte. Ich stellte mein Auto im Parkhaus des Krankenhauses ab und ging eiligst ins Krankenzimmer.

Tobias war bereits aus der Narkose erwacht. Er saß aufrecht in seinem Bett und war mit einem Auto beschäftigt, das er auf der Bettdecke hin- und herschob. Meine Frau saß neben ihm. Bevor ich mich hinsetzte, ging ich zur Stationsschwester und bat um ein Gespräch mit dem Arzt. Ich war froh darüber, daß ich schon nach kurzer Zeit in sein Zimmer gerufen wurde.
Der Arzt saß an seinem Schreibtisch, auf dem ein schönes Familienfoto mit vier lachenden Gesichtern stand, und schien einen Frage- oder Untersuchungsbogen auszufüllen. Er bot mir Platz an. Ein wenig ängstlich setzte ich mich und stellte umgehend die Frage, die mich den ganzen Tag über beschäftigt hatte: „Zu welchem Ergebnis kamen Sie, Herr Doktor?" Die Antwort des Arztes war klar und eindeutig: „Die Untersuchung der Blase hat keinen Hinweis ergeben. Wir Ärzte nennen ein solches Ergebnis o. B. (ohne Befund)."
Auf der einen Seite war ich erleichtert über diese Auskunft; auf der anderen Seite aber blieb ich wieder im Ungewissen, sah keinen Lichtblick für die Zukunft. „Woran kann es denn sonst liegen?" forschte ich weiter. „Ich weiß es im Moment nicht", sagte der Arzt. „Wir können eigentlich nur noch *eine* Untersuchung machen: eine Refluxcysturethrographie. Vielleicht gibt sie einen Hinweis."
Da ich ein medizinischer Laie bin, erläuterte mir der Arzt freundlicherweise diese Untersuchungsmethode: „Die Refluxcysturethrographie heißt auch Miktionscysturethrographie, abgekürzt MCU. Es ist dies im Grunde eine Durchleuchtung der Harnblase bei Prallfüllung und Entleerung. Die Blase des Patienten wird über einen Katheter mit einer Kontrastflüssigkeit aufgefüllt. Man kann dann feststellen, ob aus der Blase Urin

in die Nieren zurückfließt oder nicht. Bei dieser Untersuchung ist keine Narkose erforderlich."
Weiter sagte der Arzt: „Ich möchte mich gern noch ein wenig mit meinen Kollegen besprechen. Doch ich meine, daß wir diese Untersuchung bei Ihrem Sohn durchführen sollten. Wären Sie damit einverstanden?"
Ich nickte gehorsam und stimmte zu. Was blieb mir auch anderes übrig?! Ich konnte als Laie nicht beurteilen, was für meinen Sohn medizinisch richtig und notwendig war. Ich konnte den Ärzten nur mein ganzes Vertrauen entgegenbringen und ihnen versichern, daß ich alles in meiner Macht Stehende tun würde, um meinem Sohn zu helfen.
„Wann könnte man die Untersuchung durchführen?" fragte ich abschließend. „Morgen nicht. Morgen braucht der Junge unbedingt einen Ruhetag. Übermorgen!" lautete die Antwort.
Dann verabschiedete ich mich von dem Arzt und bedankte mich für seine Ausführungen. Beim Verlassen des Zimmers warf er mir noch einen freundlichen Blick zu, den ich in meiner damaligen seelischen Situation dankbar und froh annahm.

Noch immer: ohne Befund

Der vierte Krankenhaustag (Donnerstag, 30. August) verlief ohne irgendwelche Besonderheiten. Wir wechselten uns ab beim Besuch des Jungen: Morgens war meine Frau bei ihm, über Mittag meine Schwiegermutter und am Nachmittag ich. Später kam auch meine Frau wieder dazu. Ich bewunderte ihre Kraft, mit der sie Tag für Tag alle Belastungen auf sich nahm.

Besonders rührend habe ich die Anteilnahme der bereits genannten befreundeten Familie gefunden, die in unserer Nähe wohnt. Auch an diesem Tage bot sie wieder ihre Mithilfe an: „Sagen Sie uns, wenn Sie etwas brauchen! – Wir gehen für Sie einkaufen. – Sie können uns immer Ihren Simon bringen, wenn Sie ins Krankenhaus gehen." Freunde zu haben, ist eine Wohltat!
Tobias wehrte sich an diesem Tag sehr stark gegen den Aufenthalt im Krankenhaus – stärker als an den Tagen vorher. Er ließ sich diesmal nicht so gut ablenken und besänftigen. Meine Schwiegermutter, meine Frau und ich mußten alles pädagogische Geschick einsetzen, um seine Traurigkeit wenigstens etwas zu mildern. Manchmal gelang es uns gut, manchmal aber nur sehr kümmerlich.
Meine Gedanken waren bereits mit dem nächsten Tag beschäftigt. Von der wohl letzten möglichen Untersuchung hatte ja der Stationsarzt gesprochen. Würde die erwähnte Refluxcysturethrographie wirklich eine Auskunft über den Urin des Jungen geben können, der auch an diesem Morgen wieder blutig gewesen war? Wenn aber nicht, wie sollte es dann weitergehen? Fragen über Fragen stiegen in mir auf.
Schließlich war dann der fünfte Tag da. Ich hatte in der Firma frei genommen, um gleich am Morgen mit meiner Frau im Krankenhaus sein zu können. Wir versuchten, Tobias etwas auf die hoffentlich letzte (!) Untersuchung vorzubereiten. Aber alles Zureden und Erklären nützte nichts. Alle guten Worte verhallten wirkungslos. Auch für ein mitgebrachtes Spiel, mit dem man aus ein paar Steinen schöne Figuren legen konnte, war das Kind nicht zu haben. Es ließ sich nicht beruhigen.
Noch etwa zwei Stunden vergingen, bis der Junge aus

dem Krankenzimmer gefahren und unter Protestgeschrei und Tränen in den Untersuchungsraum gebracht wurde. Meine Frau und ich warteten in der Eingangshalle des Krankenhauses. Der Stationsarzt hatte versprochen, uns nach erfolgter Untersuchung rufen zu lassen. Unruhig und angstvoll gingen wir in der Halle auf und ab – zwanzigmal, dreißigmal, vierzigmal. Ich weiß es nicht mehr.

Keiner von uns sprach ein Wort. Uns bewegte nur eine Frage: Wie wird die Auskunft lauten? Ich versuchte, ein Stoßgebet zu sprechen: „Guter Gott, bitte, laß die Ärzte die Ursache für die Erkrankung des Jungen finden! Gib meiner Frau und mir die Kraft, daß wir nicht ungeduldig werden! Hilf uns in der Sorge um die Gesundheit unseres Sohnes!" Es war der Hilferuf eines mit Sorgen angefüllten Herzens.

Nach einer Stunde wurden wir ins Arztzimmer gerufen. Ich forschte im Gesicht des Stationsarztes und glaubte darin so etwas wie Ratlosigkeit zu erkennen. Und in der Tat: Ich hatte mich nicht getäuscht. „Wir haben nichts gefunden", sagte er. „Es fließt kein Urin von der Blase in die Nieren zurück." Wie erstarrt schauten wir den Mediziner an. Ich konnte es nicht fassen. Schon wieder kein Ergebnis! Das durfte doch nicht wahr sein!

Der Arzt erhob sich aus seinem Sessel und ging im Zimmer auf und ab. Nach einer Weile sagte er: „Ich möchte Ihrem Sohn und Ihnen so gern helfen; aber ich weiß nicht, wie. Wir stehen vor einem Rätsel. Es kann jetzt nur noch an der Niere liegen, nachdem alle anderen Möglichkeiten ausgeschlossen sind." Bei diesen Sätzen erinnerte ich mich gleich an die Ärztin, die den Jungen am ersten Krankenhaustag untersucht und bei der einen Niere eine veränderte Form festgestellt hatte.

„Es gibt jetzt nur noch eine Möglichkeit, um zu einer Lösung zu kommen", fuhr der Arzt fort. „Der Junge muß aufgemacht werden." Dabei schaute er uns ganz mitleidvoll an. „Leider ist das hier im Krankenhaus nicht möglich. Ich müßte Sie dafür an die Universitätskinderklinik nach T. überweisen. Dort gibt es die entsprechenden Möglichkeiten. Wenn Sie einverstanden sind, setze ich mich gleich mit dem Leiter der Kinderchirurgie in Verbindung."
Erschrocken nahmen wir das Gesagte zur Kenntnis. „Aufmachen", hatte der Arzt gesagt. Das wollte mir nicht in den Kopf, aber ich hatte richtig verstanden. Unser Gesprächspartner war ja ein erfahrener Mediziner und scherzte nicht mit seiner Meinung, schon gar nicht mit einer Meinung wie dieser. „Lassen Sie den Mut nicht sinken", sagte er abschließend. Den gleichen Satz hatte auch schon die Hausärztin gesagt, als sie uns in das Kinderkrankenhaus überwies.

Tobias muß in eine Spezialklinik

Es war Freitag, der 31. August, als wir das Gespräch mit dem Stationsarzt hatten. Noch am gleichen Tag erhielten wir von der Stationsschwester die Nachricht, daß wir am Montag in der Universitätskinderklinik in T. erwartet würden. Wir könnten den Jungen, wenn wir wollten, selbst mit dem Auto hinfahren. Die Unterlagen von den durchgeführten Untersuchungen würden uns für die zuständigen Ärzte mitgegeben.
Das klang alles sehr nüchtern, aber es mußte nun einmal sein. T. liegt rund 70 km von St. entfernt. Eine Krankenschwester erzählte mir, daß die Universitäts-

kinderklinik in T. eine anerkannt gute kinderchirurgische Klinik im süddeutschen Raum sei. Doch das war für mich nur ein schwacher Trost.
Viel wichtiger war mir im Augenblick die Tatsache, wie ich es meinem Jungen erklären könne, daß er nun in ein anderes Krankenhaus verlegt und sehr wahrscheinlich operiert werden müsse. Ich hatte weder an diesem Freitag noch am darauffolgenden Samstag die Kraft dazu, es dem Jungen zu sagen. Ich sah im Geiste immer nur seine traurigen und verweinten Augen vor mir. Ich spürte den Schmerz und die Enttäuschung, die ich ihm mit dieser Nachricht bereiten würde.
Meine Frau und ich mußten erst selbst mit der neuen Situation fertig werden. Es war alles so unbegreiflich, unverständlich, unfaßbar. Wir haben in diesen Tagen wenig geschlafen, viel geweint und immer wieder gebetet. Ich wollte niemandem begegnen, wollte niemandem über unser Unglück Rede und Antwort stehen. Am liebsten hätte ich mich in ein Mauseloch verkrochen. Nur meiner Schwiegermutter und meiner Mutter habe ich ausführlich über das Gespräch mit dem Stationsarzt erzählt.
Am Sonntag vormittag (2. September) besuchten wir – meine Frau, meine Schwiegermutter und ich – nacheinander den Gottesdienst. Wohl niemals zuvor hat jeder von uns seine Sorgen so innig mit dem Herrgott besprochen wie an diesem Morgen. Wir haben um die Gnade gebetet, daß wir dem Kreuz, das uns auferlegt war, gewachsen sein möchten; wir beteten zu Gott, er möge uns seine Liebe und seinen Schutz angedeihen lassen. Ich war sicher, daß wir es mit Gottes Hilfe schaffen würden.
Diese Zuversicht gab mir dann auch den Mut, am Sonn-

tag nachmittag mit Tobias über seine Verlegung nach T. zu sprechen: „Die Ärzte in St. haben leider nicht herausgefunden, woran du krank bist. Aber ich bin sicher, daß es die Ärzte in T. finden werden. Morgen fahren wir dann zusammen in das neue Krankenhaus. Wir werden wieder jeden Tag bei dir sein. Und Papa wird den Ärzten sagen, daß sie dich ganz schnell gesund machen sollen."

Ich wollte dem Jungen noch so vieles sagen, aber dann fehlten mir letztlich doch wieder die Worte. Es war so schwer, einem dreijährigen Kind, das keine Schmerzen hatte, begreiflich zu machen, daß es krank sei und deswegen nicht nach Hause dürfe. Und darum überraschte es mich auch nicht, daß der Junge so reagierte wie bis jetzt vor jeder Untersuchung oder wie bei jeder abendlichen Verabschiedung: mit Angst, Tränen und dem immer gleichen Satz: „Ich möchte heim."

Ich verstand seine Reaktion. Andererseits aber stimmte es mich traurig, daß das Kind noch zu klein war, um zu begreifen, warum wir es nicht mit nach Hause nehmen konnten. Im stillen kam mir sogar ein anderer Gedanke: Der Junge wird doch hoffentlich nicht meinen, seine Eltern wollten ihn weggeben! Doch diesen Gedanken gab ich sehr rasch wieder auf; daran konnte ich im Ernst nicht glauben.

Am Montag, dem 3. September, fuhren meine Frau und ich ins Krankenhaus, um Tobias für die Fahrt nach T. abzuholen. Mein Chef hatte mir für die nächste Zeit Sonderurlaub gegeben, damit ich immer in der Nähe meines Sohnes sein konnte und meine Frau in dieser schweren Zeit nie allein war. Für die Großzügigkeit meines Arbeitgebers waren wir sehr dankbar. Diese Hilfe machte die Last ein wenig leichter.

Insgeheim fragte ich mich: Sind wohl andere Chefs auch so entgegenkommend, wenn einer ihrer Angestellten oder Arbeiter von einem schlimmen Krankheitsfall oder sonst einem schweren Schicksalsschlag in der Familie betroffen ist? Sicher war mein Einblick in andere Firmen nicht sehr groß, doch konnte ich mir kaum vorstellen, daß es viele Unternehmer geben könnte, die eine ähnliche Großherzigkeit an den Tag legten. Aber ich wünschte es mir an diesem Tag.

Ein letzter fröhlicher Tag

Der Koffer des Jungen war schnell gepackt. Tobias verhielt sich nun überraschenderweise sehr tapfer, ja, er legte eine fast unkindliche Geduld an den Tag. Die Stationsschwester brachte uns die Untersuchungsunterlagen. „Viel Glück und alles Gute", sagte sie. Sie gab uns die Hand und streichelte dem Jungen zum Abschied sanft über den Kopf. Ich glaube, sie wußte, wie uns an diesem Morgen zumute war.
Die Fahrt von St. nach T. dauerte etwa eine Stunde. In der Universitätskinderklinik erwartete uns bereits der Leiter der Kinderchirurgie. Wir hatten ein ausführliches Gespräch mit ihm über alles, was sich seit dem 22. August mit dem Jungen zugetragen hatte. Dann las er ein wenig in den Untersuchungsunterlagen, unterhielt sich freundlich mit dem Kind und machte uns schließlich den Vorschlag, daß wir – wenn wir möchten – mit Tobias zusammen noch den Tag in T. verbringen dürften. Um 18 Uhr würde er den Jungen dann gerne untersuchen.
Wir waren über diesen Vorschlag sehr erfreut. Meine

Frau und ich waren dankbar, daß wir den Jungen nach der letzten harten Woche nun ein paar Stunden für uns allein haben durften. Da an diesem Tag die Sonne herrlich schien, gingen wir mit dem Kind in einen nahegelegenen Park. Tobias strahlte, daß er jetzt in keinem Bett mehr liegen und keine Untersuchungen über sich ergehen lassen mußte. Wir konnten es so gut verstehen!
Im Park gab es einen schönen Spielplatz, auf dem der Junge ein wenig im Sand spielen und sich in einer Schaukel vergnügen konnte. Wir beobachteten mit Freude, daß das Kind die Lust am Spielen nicht verloren hatte, dachten natürlich gleichzeitig mit Sorge an die kommenden Tage, die sicher nicht spurlos an ihm vorübergehen würden. Freude und Sorge, Hoffnung und Traurigkeit wechselten in diesen Stunden immer wieder miteinander ab.
Am Nachmittag entwickelte Tobias zu unserer großen Überraschung einen guten Appetit. Meine Frau hatte ihm Kekse, Bananen, Pfirsiche und Äpfel gekauft. Im Krankenhaus zu St. hatte man ihm jeden Tag das Essen schmackhaft machen müssen. Jetzt schien er einen großen Nachholbedarf zu haben und griff herzhaft zu. Wir freuten uns, denn der Junge war sehr mager und blaß geworden.
Die Zeit verging im Nu. Es war so schön, wieder für einige Stunden miteinander glücklich zu sein. Was hätte ich dafür gegeben, wenn mir an diesem Tag jemand gesagt hätte, ich dürfte den Jungen wieder mit nach Hause nehmen! Ich mußte ganz plötzlich an einen Satz denken, den mir einige Wochen zuvor bei einem Besuch ein bekannter Schulrektor gesagt hatte: „Zu diesem Jungen kann man Ihnen nur gratulieren!"
Dann gingen wir zurück in die Klinik. Tobias wurde

vom Leiter der Kinderchirurgie gründlich untersucht. Auch ein Oberarzt, ebenfalls Kinderchirurg, der in Zukunft mein Gesprächspartner werden sollte, war anwesend. Zu meinem großen Erstaunen wurde an diesem Abend die bereits in St. durchgeführte Refluxcysturethrographie wiederholt. Ich durfte zur Beruhigung des Jungen daran teilnehmen, während meine Frau sie in einem Nebenzimmer über einen Bildschirm mitverfolgen konnte. Ergebnis: o. B. (ohne Befund).
Nach einem weiteren Gespräch mit den beiden Ärzten begleiteten wir den weinenden Jungen zu seinem Bett auf der Kinderchirurgischen Abteilung. Es lagen noch fünf andere Kinder im Krankenzimmer, die wohl alle älter waren als Tobias. „Der Junge nebenan", sagte eine jüngere Schwester, die Tobias' Bett gemacht hatte, „hat Knochenkrebs und soll dieser Tage zum zweitenmal operiert werden!" Ob sie uns mit dieser Information trösten oder schockieren wollte – ich kann es mir bis heute nicht erklären.
Wir blieben noch eine Weile am Bett unseres Jungen. Dann wurde es Zeit zu gehen. Auf dem Gang kamen uns zwei weinende Frauen entgegen. Ein böses Omen?

Diagnose: Krebs

Der sogenannte Wilmstumor

Von einer Operation – wie der Stationsarzt in St. gemeint hatte – war in den nächsten Tagen noch nicht die Rede. Am Dienstag, Mittwoch und Donnerstag (7.–9. September) wurde Tobias wieder gründlich untersucht. Alle Untersuchungen der letzten Wochen wurden wiederholt: Blut, Lunge, Blase, Niere... Ich habe eigentlich nie verstanden, warum. Ob das eine Krankenhaus dem anderen nicht traute? Und immer hieß das Ergebnis: o. B.

Im Gesicht des Jungen standen Angst und Verzweiflung geschrieben – mehr als bisher. Was mußte er auch alles ertragen! Die Untersuchungen waren hart und schwächten seinen Körper von Tag zu Tag mehr. Die Blasenspiegelung mußte wieder unter Vollnarkose durchgeführt werden. So konnte es doch nicht weitergehen! Ich sprach mit dem Oberarzt darüber.

Der Oberarzt, ein sehr gründlicher und gewissenhafter Mediziner, verstand meine seelische Situation. Trotzdem wollte er den Jungen noch nicht „aufmachen". Er bat mich, noch *eine* Untersuchung durchführen zu dürfen: eine Nierenbiopsie. Dabei erläuterte er mir diese Methode: Der einen Niere werde ein Stück Gewebe entnommen, und man könne dann erkennen, ob die Niere erkrankt sei. Er vermute es bei Tobias, sei aber nicht ganz sicher. Diese Untersuchung werde ebenfalls unter Narkose durchgeführt.

Irgendwie überzeugten mich die Worte des Arztes. Er wollte nichts unversucht lassen, um die Ursache der Erkrankung herauszufinden. Und so gab ich ihm – wenn auch schweren Herzens – die Einwilligung. Die Gesund-

heit des Kindes mußte Vorrang haben vor dem Unmut und der tiefen seelischen Verwundung der Eltern!
Am Freitag, dem 7. September, fand dann frühmorgens die Gewebeentnahme der Niere statt. Ein Nephrologe (Nierenspezialist) führte sie durch, ein Pathologe (Spezialist für feingewebliche Untersuchungen) untersuchte das Gewebe. Meine Frau und ich zitterten den ganzen Tag über. Am Abend sollten wir bereits durch den Oberarzt das Ergebnis hören: den endgültigen, unumstößlichen Befund erfahren.
Mit wankenden Knien gingen wir abends in das Sprechzimmer des Oberarztes. „Jetzt müssen Sie tapfer sein", begann der Arzt das Gespräch, „leider kann ich Ihnen nichts Erfreuliches berichten. Die Wahrheit ist hart, aber die Eltern haben ein Recht darauf, sie zu kennen. Bei Ihrem Sohn wurde in der rechten Niere ein Geschwulstgewebe festgestellt. Es handelt sich um einen Tumor, den sogenannten Wilmstumor. Ich werde ihn operieren."
„Also Krebs?" fragte ich erschüttert. – „Ja." – „Gibt es Hoffnung?" – „Gewiß. Während meiner Tätigkeit als Chirurg habe ich es oft genug erlebt, daß an Wilmstumor erkrankte Kinder durch Operation und nachfolgende Behandlung ihre Krankheit überwunden haben. Ich hoffe nur, daß bei Ihrem Sohn noch nicht das die Niere umgebende Gewebe von Metastasen befallen ist. Dann wird es gefährlich. Ich darf Ihnen aber versichern, daß ich mein Bestes tun werde, um den kranken Jungen zu retten."
„Wann werden Sie operieren?" fragte ich. – „Am Montag. Früher war man zwar der Meinung, daß der Wilmstumor – als quasi Notfall – sofort, auch am Wochenende, operiert werden sollte. Aber das ist nicht nö-

tig. Ein bis zwei Tage Tumorwachstum können ruhig in Kauf genommen werden, wenn dadurch die Operation unter den bestmöglichen Bedingungen ausgeführt werden kann." –

Nun war es also heraus. Jetzt gab es keinen Zweifel mehr. Nun bestand nicht mehr der winzigste Raum für die Hoffnung, jemand könnte sich geirrt haben. So schlimm stand es also um unseren Sohn! Mir war zumute, als wenn die Sorgen der halben Welt auf meinen Schultern lasteten.

Ungewißheit und Angst

Wilmstumor, Krebs – das war das Schlimmste, was wir seit Erkrankung unseres Jungen gehört hatten! Wie von einem Hammer erschlagen, verließen meine Frau und ich das Zimmer des Oberarztes. Wir konnten es nicht glauben: Krebs bei einem kleinen Kind von drei Jahren? Das war doch absurd! So etwas konnte es nicht geben!

Aber es war Tatsache. Der Oberarzt hatte es ja ganz deutlich gesagt. Er hatte uns nichts vorgemacht, sondern uns „ganz klaren Wein" eingeschenkt... Meine Gedanken irrten wirr umher: War das bereits das Todesurteil für meinen Sohn? Mußte ich jetzt der Tatsache entgegensehen, daß wir den Jungen für immer verlieren würden? Konnte ich ihn eines Tages nicht mehr in die Arme nehmen?

Als wir in das Krankenzimmer traten, war Tobias bereits eingeschlafen. Bleich und erschöpft von den vielen Untersuchungen lag er in seinem Bett und atmete ganz tief. Meine Frau streichelte ihm über seine blonden

Haare und weinte. „Lieber Gott", betete ich still, „stehe dem Jungen, den du uns geschenkt hast, bei! Laß ihn leben wie andere Kinder auch! Er ist doch auch dein Kind." Mehr Worte wollten mir in meiner Verzweiflung nicht über die Lippen.

Dann setzten wir uns ins Auto und fuhren nach Hause. Meine Schwiegermutter erkannte schon an unseren Gesichtern, was passiert sein mußte. Wir sprachen lange zusammen an diesem Abend. Meine Mutter informierte ich am Telefon. Irgendwie war bei uns allen die Gewißheit, daß der Junge überleben würde, mit einem Schlage wie weggewischt. Die Zuversicht hatte uns plötzlich ganz verlassen.

Zum erstenmal im Leben erlebte ich so etwas wie richtige Furcht. Ich fürchtete den Verlust des Kindes. Ich fürchtete den Tod, der dem Jungen auf der Lauer lag. Die Medizin, so konnte man doch immer wieder lesen, kannte bis heute kein wirksames Heilmittel gegen den Krebs – trotz aller Bemühungen, trotz aller Operationen. Überall hörte man, eine welch hinterlistige und unheimliche Krankheit der Krebs war – nicht oder wenigstens ganz selten in den Griff zu bekommen, ein angeborenes Leiden!

Mein Kopf vermochte keine Klarheit in die Wirrnis solcher Gedanken zu bringen. Bei jeder anderen Krankheit konnten die Ärzte sagen: „Es ist nicht so schlimm, oder: Es ist ernst, aber wir bringen das mit Sicherheit wieder hin." Bei einer Krebserkrankung sagt keiner etwas Genaues, kann keiner etwas Sicheres sagen. Ich spürte ganz deutlich: Nichtwissen ist eine grausame Bürde, ein schweres Los!

Es dauerte lange, bis meine Frau und ich an diesem Abend einschliefen. Die quälende Ungewißheit und der

Gedanke an den kommenden Montag ließen uns keine Ruhe finden. Nur Simon schlief selig in seinem Bettchen. Er konnte mit seinen eineinviertel Jahren noch nicht verstehen, was das Herz seiner Eltern im tiefsten bewegte und quälte.

Einige Informationen über den Wilmstumor

An den zwei folgenden Tagen (8. und 9. September) fuhren wir wie gewohnt an das Krankenbett unseres Sohnes. Tobias zeigte sich verschlossen und sprach nur ganz wenig. Immer wieder versuchten wir, ihn durch Lesen, Sprechen oder Spielen aufzuheitern – aber es nützte wenig. Und dann die traurigen, deprimierten Augen! Sie konnte ich am wenigsten ertragen.

Hätte ich in diesen Tagen drei Wünsche frei gehabt, wie dies im Märchen zu geschehen pflegt (leider nur im Märchen!), so hätte ich mir gewünscht, erstens: meinen Tobias gesund, zweitens: mir selbst die Möglichkeit, dem Jungen persönlich zu helfen, drittens:... – Nein, ein zweiter und dritter Wunsch wäre nicht mehr nötig gewesen, wenn der erste in Erfüllung gegangen wäre: die Gesundheit des Kindes!

Die Gesundheit wird ja meist erst dann geschätzt und für erstrebenswert gehalten, wenn sie in Gefahr oder verloren ist. Wer gesund ist, betrachtet dies durchweg als die selbstverständlichste Sache der Welt. Ein russisches Sprichwort sagt: „Gesundheit ist kostbarer als Reichtum. Der kennt sie nicht, der nie krank war. Selbst ein goldenes Bett hilft Kranken wenig."

Dies wurde mir mit jedem Besuch im Krankenhaus immer deutlicher. Und jedesmal verband ich mit solchen

Gedanken die bange Frage: Wird unser Tobias je wieder gesund werden? Wird er jemals mit seinem Bruder und mit anderen Kindern wieder fröhlich und unbekümmert spielen können?
Nach unserer Heimkehr am Abend setzten sich meine Frau und ich zusammen ins Wohnzimmer. Wir informierten uns in einem medizinischen Lehrbuch über den Wilmstumor. Es war nicht immer ganz leicht, das Geschriebene zu verstehen, da viele medizinische Fachausdrücke den Text durchzogen. Trotzdem konnten wir das Wichtigste herauslesen:

– Der Wilmstumor heißt auch Nephroblastom. Er ist ein embryonaler Tumor der Niere und wurde 1899 von Max Wilms als „Nierenmischgeschwulst" beschrieben. Pro Jahr muß man in der Bundesrepublik mit etwa 60 bis 100 Neuerkrankungen rechnen.

– Wie aus internationalen Krebsstatistiken deutlich wird, tritt dieser Tumor in allen Teilen der Welt mit einer bemerkenswert gleichmäßigen Häufigkeit auf. Rasse, Klima und Umgebung scheinen diesen in frühester Embryonalzeit angelegten Tumor nicht zu beeinflussen.

– Manchmal (in ca. drei Prozent aller Fälle) findet man den Tumor in beiden Nieren, entweder schon zum Zeitpunkt der Diagnose oder – seltener – im späteren Verlauf.

– Der Wilmstumor ist ein typischer Kleinkindtumor. Die Hälfte der Patienten ist bei der Diagnose weniger als drei Jahre alt, 90 Prozent weniger als sieben Jahre. Der Häufigkeitsgipfel liegt zwischen dem 2. und 4. Lebensjahr. Nur vereinzelt werden Fälle im Schulkindalter, ja sogar bei Erwachsenen, beobachtet.

– Jungen und Mädchen werden etwa gleichmäßig von dem Tumorleiden befallen und haben in bezug auf die Therapie keine unterschiedlichen Überlebenschancen.

– Der Tumor wächst zunächst nur innerhalb der Nierenkapsel, später befällt er nach Kapseldurchbruch benachbarte Gewebsstrukturen. Er kann bisweilen gewaltige Ausmaße annehmen – mit Gewichten bis über 1000 g.

Noch viele weitere interessante Informationen waren in dem Lehrbuch zu finden. Zwei Sätze fielen mir dabei besonders ins Auge: „Die Heilungschancen haben in den vergangenen Jahrzehnten stetig zugenommen. Lag die 5-Jahres-Heilrate in den 40er Jahren, vorwiegend durch alleinige Operation, bei 16 Prozent, in den 50er Jahren zwischen 30 und 40 Prozent, so betrug sie 1962 55 Prozent."
Seit der Drucklegung des Buches waren inzwischen über zehn Jahre vergangen. Das kann für die Forschung eine lange Zeit sein. Vielleicht wurde seitdem Neues entdeckt: neue Behandlungsmethoden, neue Medikamente, neue therapeutische Verfahren . . .
Also bestand doch Hoffnung! Hatte nicht auch der Oberarzt in T. von Hoffnung gesprochen, besonders dann, wenn das benachbarte Gewebe und die anderen Organe noch nicht – oder wenigstens nicht zu stark – angegriffen waren? Warum sollte denn schon alles verloren sein?

Kommt es nicht auf die Hoffnung an?

Ganz allmählich bekamen wir unsere Zuversicht wieder zurück. Die Lektüre hatte unsere schwarzen Gedanken ein wenig aufgehellt, hatte in uns die Hoffnung wieder neu aufleben lassen. Wir verbannten alles aus unserem Bewußtsein, was gegen eine Heilung unseres Kindes hätte sprechen können. Und wir wurden immer zuversichtlicher: Tobias wird durchkommen! Er *muß* durchkommen!

Die Hoffnung, die in uns aufkam, erinnerte mich an eine Erzählung, die ich vor Jahren einmal gelesen hatte: „Vor langer Zeit lebte in Nordchina ein alter Mann. Sein Haus zeigte nach Süden, und vor seiner Haustüre ragten die beiden großen Gipfel des Taihung und des Wangwu empor. Sie versperrten den Weg nach Süden. Entschlossen machte sich der Alte mit seinen Söhnen an die Arbeit: Sie wollten die Berge mit der Hacke abtragen.

Der Nachbar des alten Mannes sah das und schüttelte den Kopf. ‚Wie närrisch ihr doch seid', rief er, ‚es ist vollkommen unmöglich, daß ihr die gewaltigen Berge abtragen könnt!'

Der alte Mann lächelte weise, dann sagte er: ‚Wenn ich sterbe, dann werden meine Söhne weitermachen. Wenn meine Söhne sterben, werden die Enkel weitermachen. Die Berge sind zwar hoch, aber sie wachsen nicht weiter. Unsere Kräfte jedoch können wachsen. Mit jedem Stückchen Erde, das wir abtragen, kommen wir unserem Ziel näher. Es ist besser, etwas zu tun, als darüber zu klagen, daß uns die Berge die Sicht auf die Sonne nehmen.'

Und in unerschütterlicher Überzeugung grub der Alte

weiter. Das rührte Gott. Er schickte zwei seiner Boten auf die Erde, die beide Berge auf dem Rücken davontrugen."

Bewundernswert – diese Haltung des Alten!

Der Tag vor der Operation wurde zu einem Tag des Gebetes. Ich dachte an das, was vor Jahren einmal ein erfahrener Seelsorger ausgesprochen hatte: „In dem Bemühen, Sorge und Leid zu ertragen, ist das Gebet eine wertvolle Hilfe. Für viele ist das Gespräch mit Gott zu einer unentbehrlichen Kraftquelle geworden, die sie befähigt, schwierige Situationen besser zu bestehen. Wer mit Gott spricht, bekommt andere Augen für die Dinge und an jedem Morgen ein neues Herz."

Von der Richtigkeit dieser Aussage bin ich immer überzeugt gewesen, nicht erst an diesem Tage. Beten kann man verlernen, vernachlässigen oder sich seiner gedankenlos bedienen. Man kann es aber auch erlernen, einüben und auf seine hilfreiche Kraft vertrauen. Man muß nur – bei aller täglichen Hektik und Geschäftigkeit – haltmachen und stille werden.

Ein Forscher hat einmal aus dem Inneren Afrikas folgendes berichtet: Eingeborene tragen in langen Kolonnen das Gepäck der Expedition. Es ist Eile geboten. Man treibt die Leute zu immer schnellerem Gehen an. Aber eines Tages setzen sich die Träger nieder. Kein Zureden und Befehlen bringt sie auf die Beine. Sie antworten schlicht und überlegt: „Wir müssen warten, bis unsere Seelen nachgekommen sind!"

In diesem Sinne haben meine Frau und ich an diesem Sonntag immer wieder halt gemacht: „Guter Gott, ungeduldig warten wir darauf, daß wir von der Last, die wir zu tragen haben, befreit werden. Steh unserem Sohn und dem Arzt, der ihn morgen operiert, nach Kräften bei! Hilf uns, daß wir zur Ruhe kommen und erkennen, daß das, was du mit unserem Tobias vorhast, das Richtige ist! Dein Wille geschehe!"

So oder ähnlich haben wir gebetet: im Gottesdienst, auf der Hin- und Rückfahrt nach T., am Bett des Jungen, zu Hause, wo immer wir waren... Dabei wußten wir uns unterstützt von allen, die wir um ein Gebetsgedenken in unserer Not gebeten hatten. Und es waren viele, die uns in ihr Gespräch mit Gott einschließen wollten: nicht nur die engsten Verwandten, sondern auch viele Bekannte, die inzwischen von Tobias' Zustand wußten und mit uns bangten.

Dieser stille „Gebetsfeldzug", wie wir ihn von Verwandten und Bekannten erfuhren, hat wesentlich mit dazu beigetragen, die Last unseres Kreuzes ein wenig zu erleichtern. Er stärkte in uns die Hoffnung: „Ein Sohn so vieler Gebete kann doch eigentlich nicht verlorengehen!"

Im Glauben an die Kraft des fürbittenden Gebetes und im Vertrauen auf Gottes Hilfe sahen wir dann dem Operationstag entgegen: mutig, tapfer und ergeben.

Die Operation

Der Tag der Operation

Montag, 10. September: *Operationstag.*
Um elf Uhr sollte die Operation sein. Meine Frau und ich warteten zu Hause. Erst gegen 13 Uhr, so hatte man uns gesagt, dürften wir in der Klinik anrufen. Wir dachten an unseren Tobias und an die daumendrückenden und betenden Verwandten und Bekannten. Meine geheimen Ängste verbarg ich hinter äußerer Ruhe und Gelassenheit; meiner Frau ging es wohl ebenso.
Elf Uhr: Jetzt begann der Eingriff. Wir schickten ein gemeinsames Gebet zum Himmel. Der Chirurg (Oberarzt) hatte unser ganzes Vertrauen. Er hatte uns versprochen, sein Bestes zu tun. Ich dachte an die Zeit zurück, in der ich als Student während der Semesterferien in einem Krankenhaus arbeiten und dort hin und wieder bei Operationen zusehen durfte. Mir wurde wieder ganz deutlich bewußt: Welche Verantwortung hat doch ein Chirurg!
Zwölf Uhr: Die Minuten dehnten sich zu Ewigkeiten. Wie lange dauerte bloß die Ewigkeit?! Alle tausend Jahre – so hatte ich einmal vor vielen Jahren gelesen – komme ein Vöglein zu einem Zauberberg geflogen und wetze sein Schnäblein daran. Wenn es den ganzen Berg abgewetzt habe, dann sei die erste Sekunde der Ewigkeit vorbei...
Zwölf Uhr dreißig: Meine Frau erledigte das Nötigste im Haushalt. Noch eine halbe Stunde, dann durften wir anrufen. Ob die Operation wohl schon vorbei war? Ein Bekannter hatte gesagt, daß der Eingriff eine gute Stunde dauere. Die Zeit schien den Atem anzuhalten. „O, ihr Zeiger, lauft doch, lauft!" dachte ich immer wieder.

Dreizehn Uhr: Endlich – Anruf in der Klinik. „Tobias ist noch nicht zurück", gab die Stationsschwester als Auskunft. – „Ist etwas schiefgelaufen?" – „Nein, wahrscheinlich hat die Operation etwas später begonnen. Rufen Sie in einer Viertelstunde noch einmal an!"

Dreizehn Uhr fünfzehn: Erneuter Anruf auf der Station. „Die Operation ist vorbei. Tobias befindet sich jetzt im Aufwachraum", sagte die Stationsschwester. – „Können wir kommen?" – „Ja, aber fahren Sie langsam!"

Vierzehn Uhr fünfzehn: Mit sterilen grünen Kitteln betraten wir den Aufwachraum. Für die Dauer eines Herzschlags stockte mir der Atem. Tobias lag steil im Bett und schlief friedlich. Er war umgeben von verschiedenen Apparaturen: Ein Vernebler befeuchtete die Atemluft des Kindes, eine Tropfflasche besorgte die Zufuhr von Zucker- und Salzlösungen in die Handvene, ein Schlauch in der Operationswunde (Drainage) sollte evtl. nachsickerndes Blut in einen Plastikbeutel ablaufen lassen. Einzig freundlich stimmte bei diesem Anblick nur ein buntgestreiftes T-Shirt, das man ihm angezogen hatte.

Vierzehn Uhr zwanzig: Tobias schlug zum erstenmal die Augen auf. Sein erster Satz: „Tante... soll das wegmachen!" Mit „das" war der Verband der Operationsstelle gemeint, auf den er mit der freien Hand zeigte, mit „Tante" die Hausärztin in St. Dann schlief er wieder erschöpft ein. Meine Frau hielt seine Hand.

Vierzehn Uhr fünfzig: Tobias, inzwischen wach geworden, wurde ins Krankenzimmer gebracht. Tropfflasche und Drainage wanderten mit, der Vernebler war nicht mehr nötig.

Siebzehn Uhr: Der Oberarzt rief uns zu sich. Er lächel-

te: „Wir hatten Glück im Unglück. In der rechten Niere Ihres Sohnes saß ein Wilmstumor. Ich mußte dem Jungen deswegen die rechte Niere entfernen. Er kann mit der anderen Niere gut leben. Metastasen habe ich im umliegenden Gewebe mit bloßem Auge nicht erkennen können. Ich hoffe, daß es sich um einen örtlich begrenzten Tumor gehandelt hat. Die Wahrscheinlichkeit, daß dies so ist, beträgt meines Erachtens über 90 Prozent." – „Und woher kam der blutige Urin?" – „Kleinste Blutgefäße des Nierengewebes wurden durch das Wachsen des Tumors zerstört, und das austretende Blut wurde über den Harn ausgeschieden."
Achtzehn Uhr: Wir kehrten ins Krankenzimmer zurück. Tobias lag im Halbschlaf. Mal war er ansprechbar, mal nicht. „Der Zustand und die Reaktionen Ihres Sohnes sind den Umständen entsprechend gut", gab die Stationsschwester zur Antwort, als ich sie nach dem Befinden des Jungen fragte. „Die eine Niere hat die Funktionen der anderen bereits voll übernommen."
Zwanzig Uhr: Wir fuhren nach Hause – erleichtert, glücklich, überglücklich! Zum erstenmal nach zwanzig Tagen waren die Spannung und Nervosität, die tägliche Angst und Sorge aus unseren Gesichtern gewichen. Es war das eingetreten, was wir uns so sehnlichst gewünscht hatten: Unser Tobias hatte die Operation überstanden, er lebte! Die Tränen kamen – Freudentränen! Wir dankten Gott aus ganzem Herzen für den heutigen Tag. Denn er war es ja letztlich, der uns geholfen hatte!
Einundzwanzig Uhr: Zu Hause berichteten wir meiner Schwiegermutter. Meiner Mutter gab ich telefonischen Bescheid. Noch mehrfach läutete an diesem Abend das Telefon: „Wie verlief die Operation? Was sagten die

Ärzte? Wie geht es Tobias?" Allen Anrufern konnte ich dankbar den tröstlichen Bescheid geben: „Zu gut 90 Prozent dürfte der Junge geheilt sein!"
Dreiundzwanzig Uhr dreißig: Wir gingen ins Bett und schliefen in dieser Nacht ganz tief und fest.

Die Nachbehandlung: Spritzen und aggressive Bestrahlung

Auch nach der Operation fuhren meine Frau und ich jeden Tag zu Tobias ins Krankenhaus. War unsere Stimmung in den Wochen zuvor stets von Unausgeglichenheit, Angst und Verzweiflung bestimmt gewesen, so strahlten unsere Gesichter jetzt wieder Erleichterung, Zuversicht und Freude aus. War doch innerhalb weniger Stunden etwas Erfreuliches geschehen!
Tobias lag geduldig in seinem Bett, ohne „Ach" und „Weh" und „Au". „Die eine Niere und die Blase arbeiten normal", sagte uns die Stationsschwester sofort am ersten Tag nach dem Eingriff. Der Junge selbst aber bot einen erschreckenden Anblick: Er war noch schmaler als vorher, und die blasse Haut war noch blasser geworden. In den unkindlichen Augen fand sich der Ausdruck des Leidens.
Das Verhalten des Kindes konnte man am besten mit den Begriffen „bedrückt, niedergeschlagen, apathisch" umschreiben. „Wenn du aus dem Krankenhaus herauskommst, gehen wir gleich miteinander in den Zoo", sagte ich. „Möchtest du?" Tobias lächelte nur müde, fast teilnahmslos. Er hatte keine rechte Freude mehr, auch nicht an einem schönen Teddybär, den wir ihm aus St. mitgebracht hatten.

Mit dem Essen gab es besondere Schwierigkeiten. Der Appetit des Jungen war gleich Null. Er mochte kein Süppchen, keinen Joghurt, kein Weißbrot, kein weiches Ei... Meine Frau redete ihm immer wieder gut zu und versuchte nach Kräften, ihm jedes Löffelchen und jeden Bissen schmackhaft zu machen. Er mußte doch wieder zu Kräften kommen, sich erholen! Aber Tobias aß nur ganz wenig.

Zu unserer Überraschung mußte sich der Junge auch immer wieder übergeben. Wir bekamen plötzlich Angst: War das ein Zeichen für neue Komplikationen? Ein Arzt, der Visite machte, tröstete uns: „Das ist eine ganz normale Reaktion des Körpers auf die Medikamente, die er bekommt. Ihr Sohn erhält zur Zeit eine Serie von fünf Spritzen des Medikaments ‚Actinomycin D' (AMD), um evtl. noch vorhandene einzelne Krebszellen oder Metastasen zu zerstören."

„Gedulden Sie sich noch ein wenig", sagte der Arzt weiter, „das Erbrechen wird sich in den nächsten Tagen zwar immer noch wiederholen, aber es wird bald besser." Diese Aussage beruhigte uns. Und in der Tat: Tobias erbrach an den folgenden Tagen nicht mehr so häufig, und auch sein Appetit wurde zunehmend besser. – Ein erster Silberstreif am Horizont!

Wir hatten sogar den Eindruck, daß der Junge mit jedem weiteren Tag im Krankenhaus die Spritzen besser vertrug. „Tobias reagiert verhältnismäßig gut auf die Medikamente", sagte mir am Abend des sechsten Tages der Oberarzt. „Wir können morgen die Operationsfäden ziehen und werden dann mit der Radiotherapie (Bestrahlung) beginnen. Die Strahlen – es sind Kobaltstrahlen – dienen dazu, um örtliche Metastasen zu zerstören."

Tags darauf wurde Tobias zum erstenmal mit einem Krankenwagen von der Kinderchirurgie in die benachbarte Strahlenklinik gefahren. Wir durften ihn begleiten. Als der Sanitäter Tobias erblickte, erschrak er und fragte: „Was fehlt Ihrem Sohn?" – „Er ist an einem bösartigen Tumor operiert worden."

Mit einem Kollegen schob dann der Fahrer das Bett, in dem der bleiche Junge lag, in den Wagen und fuhr behutsam die kurze Strecke zur Strahlenklinik. Meine Frau hielt während der Fahrt die Tropfflasche, an die der Junge immer noch angeschlossen war. In der Klinik angekommen, sagte der Sanitäter: „Ich warte vor dem Hause auf Sie. Ihnen und dem Kind wünsche ich alles Gute!"

Diesen Wunsch konnten wir gut gebrauchen. Denn kurze Zeit später klärte uns der Radiologe (Strahlenarzt) darüber auf, daß die Bestrahlungen nicht ganz ungefährlich seien. Bestimmte Nebenwirkungen könnten auftreten: zum Beispiel fallen die Kopfhaare aus oder die Brauen und Wimpern. Auch Wachstumsstörungen – etwa durch Schäden an der Wirbelsäule (Skoliose), die beim Wilmstumor im bestrahlten Bereich liegt – seien nicht ganz ausgeschlossen. Zwar beruhigte uns der Arzt dann wieder mit dem Satz, daß diese Erscheinungen in sehr vielen Fällen nicht aufträten, aber seine Aussagen versetzten uns doch einen Schock.

Tobias darf nach Hause

Zwölf Tage nach der Operation, am 22. September, wurden meine Frau und ich in das Sprechzimmer des Oberarztes gebeten. War etwas Besonderes eingetreten?

Hatte es unerwartete Schwierigkeiten gegeben? Hatten die Ärzte bestimmte Beobachtungen gemacht? Traten neue Sorgen für uns auf? In dem kahlen Flur des Krankenhauses mit der endlos langen Treppe, die zum Zimmer des Arztes führte, wollte uns wieder der Mut schwinden.

Doch alle Befürchtungen waren unbegründet. Mit heiterer Miene sagte der Oberarzt: „Medizinisch gesehen geht es Ihrem Sohn gegenwärtig gut. ‚Gut' ist natürlich ein relativer Begriff. Aber menschlich gesehen haben wir den Eindruck gewonnen, daß er sehr stark an Heimweh leidet – trotz Ihrer täglichen Besuche. Wir sind der Meinung, daß Sie ihn zu Hause besser betreuen können als wir hier im Krankenhaus. Sie dürfen ihn darum heute abend mit nach Hause nehmen."

Das konnte doch nicht wahr sein! Tobias durfte nach Hause! Ungläubig, aber hocherfreut schauten meine Frau und ich uns an. „Ist das wirklich Ihr Ernst?" fragte ich in meiner Überraschung nochmals zurück. – „Ja. Voraussetzung ist nur, daß Sie den Jungen alle zwei Tage nach hier zur Bestrahlung bringen. Nach der heutigen Bestrahlung wäre das noch dreizehnmal."

Gern entsprachen wir dieser Notwendigkeit. Hauptsache, wir hatten unseren Tobias wieder daheim! „Nach dem, was der Junge in den letzten Wochen mitgemacht hat", fuhr der Oberarzt weiter fort, „ist es für seine seelische Gesundheit am besten, wenn er zu Hause ist. Und wenn in der nächsten Zeit irgendwelche Schwierigkeiten auftreten, dann setzen Sie sich bitte sofort mit uns in Verbindung!"

Zum Abschluß unseres Gespräches sagte dann der Arzt: „Die Aufgabe der Chirurgie ist nun beendet. Nach den Bestrahlungen wird das Kinderkrankenhaus in St. die weitere Behandlung übernehmen. Dort gibt es eine Onkologin, d. i. eine Spezialistin für Krebserkrankungen. Sie wird den Jungen in Zukunft ambulant betreuen. Ihnen und Ihrem Sohn gebe ich meine besten Wünsche mit auf den Weg!"

Dankbar und mit großer Freude verabschiedeten wir uns von dem Chirurgen. Ich kann gar nicht sagen, wie glücklich wir waren! Glücklicher ging es kaum noch. Und Tobias sah ich zum erstenmal nach den Anstrengungen der vergangenen Wochen wieder richtig strahlen. „Guter Gott", beteten wir zusammen, „wir sind heute alle so glücklich. Unser Junge darf nun das Krankenhaus verlassen. Endlich ist unsere Familie wieder vollständig. Wir danken dir für deine unbeschreibbare Hilfe und Güte!"

Abends packten wir Tobias' Köfferchen – und dann ging's ab nach St.! Welche Freude auf allen Gesichtern! Welche Erlösung! Wäre ich der Bundespräsident gewesen, so hätte ich dem Chirurgen in T. das Bundesverdienstkreuz verliehen. Aber ich war nicht der Bundespräsident. Ich war nur ein einfacher Vater und hatte nichts dergleichen zu vergeben. Ich konnte nur dankbar sein und im stillen immer wieder sagen: „Ich danke Ihnen, Herr Doktor! Mehr habe ich leider nicht. Ich danke Ihnen von ganzem Herzen!"

Es war ein froher Abschied von T. – ein Abschied von einer Stadt, die wir zwar von früheren Jahren her kannten, aber jetzt mit anderen Augen sahen; ein Abschied von einem Krankenhaus, dessen Aufgabe darin bestand, kranke Kinder gesund zu machen; ein Abschied von Menschen, die ihr Bestes getan hatten, um unserem Sohn zu helfen.

Fünf Jahre Ungewißheit

Fast zum Skelett abgemagert

Zu Hause kümmerten wir uns mit aller Liebe und Kraft um Tobias. Wir gaben uns viel Mühe, ihn zu pflegen und zu betreuen.
Das Kind war nur noch ein Häufchen Elend. Bei seinem Anblick erschrak man immer wieder: Sein Gesicht war klein und eingefallen; die Oberschenkel so dünn wie seine Ärmchen, und durch die fahle Haut zeichnete sich die Struktur der Gelenke und die Form der Knochen ab. „Trostlos" war nur ein Hilfsausdruck, was seinen Anblick betraf.
Unser Sohn erinnerte mich an einen Jungen, den ich vor Jahren in einer Familie kennengelernt hatte. Michael, so hieß er, litt an Muskelschwund: Die Arme waren ohne Kraft; die Beine gehorchten ihm nicht, sondern hingen nur schlaff herunter. Er konnte kaum etwas allein tun. Immer mußte ihm jemand helfen. Selbst zur Toilette wurde er von der Mutter getragen. In ähnlicher körperlicher Verfassung war gegenwärtig auch unser Kind.
Wir wußten: Tobias brauchte nun unsere ganze Aufmerksamkeit. Während ich wieder im Verlag war, bemühte sich meine Frau den ganzen Tag um ihn. Mit Bitten und Betteln, Schmeicheln und Flehen, mit Versprechungen und gutem Zureden war sie vor allem bestrebt, daß der Junge wieder besser aß. Doch Tobias' Appetit war sehr, sehr mäßig; selbst sein früheres Lieblingsessen – Griesbrei mit Erdbeerkompott – stieß jetzt auf wenig Gegenliebe.
Alle zwei Tage fuhren Mutter und Sohn zur Bestrahlung nach T. Das war sehr anstrengend: eine Stunde

Hinfahrt, zwei Minuten Bestrahlung und dann wieder eine Stunde zurück! Tobias war jedesmal sehr erschöpft und müde, wenn er wieder zu Hause war. Die Strahlen schwächten gewaltig seine körperlichen Kräfte, sofern man von „Kräften" bei ihm überhaupt noch sprechen konnte.

Der Krankenhausaufenthalt und die Operation hatten die Widerstands- und Abwehrkräfte des Jungen fast völlig zum Erliegen gebracht. Hinzu kam, daß das Kind, das längst sauber gewesen war, plötzlich wieder regelmäßig ins Bett machte. Das war ein deutliches Zeichen dafür, wie sehr der Junge in den vergangenen Wochen seelisch gelitten hatte. Das erneute Einnässen war ein Hilferuf nach viel Liebe, Beachtung, Güte, Wärme, Geborgenheit!

Und noch etwas war auffällig: In der ersten Zeit nach der Entlassung aus dem Krankenhaus verspürte Tobias nicht den geringsten Wunsch, seine früheren Spielgefährten wiederzusehen. Seine Eltern und sein Bruder genügten ihm vollauf als Spiel- und Ansprechpartner. Wenn schönes Wetter war, ging meine Frau mit ihm und seinem Bruder in einen Park, der in der Nähe unserer Wohnung liegt. Dabei mußte – außer Simon – auch Tobias wieder im Kinderwagen (Sportwagen) gefahren werden, da er zu schwach zum Laufen war.

Wenn meine Frau auf diesen Spaziergängen Bekannte traf, zeigten diese große Betroffenheit beim Anblick des Kindes. Selbst Unbekannte hielten an und erkundigten sich – teils neugierig, teils anteilnehmend – nach dem „hohlwangigen Federgewicht", das dort im Wagen lag. Trotz aller Fragen und Kommentare war meine Frau aber fest davon überzeugt, die glücklichste Mutter der Welt zu sein.

Es geht aufwärts

Nach mehreren Wochen, besonders nach Beendigung der Bestrahlungen, besserte sich der Gesundheitszustand des Jungen zusehends. Tobias sah zwar immer noch bleich und schlecht aus, aber sein Appetit nahm wieder zu. Das Allgemeinbefinden wurde besser, seine im Krankenhaus gezeigte Weinerlichkeit ließ nach, und auch mit dem Einnässen gab es von Tag zu Tag weniger Schwierigkeiten. Irgendwie hatten wir das Gefühl, daß es mit Tobias wieder aufwärts ging.

In diesem Gefühl brachten wir auch den Jungen – sechs Wochen nach der Operation – zur Onkologin ins Kinderkrankenhaus in St. zur ersten Kontrolluntersuchung. Die Ärztin, eine Spezialistin für Leukämie (Blutkrebs) und Tumorkrankheiten, war eine liebe und nette Dame, die Tobias gleich fest ins Herz geschlossen hatte. Meiner Frau und mir machte sie viel Mut mit zwei Sätzen, die ich bis heute nicht vergessen habe: „Kinder können eine Krebserkrankung viel eher überwinden als Erwachsene. Der kindliche Körper ist frischer und unverbrauchter als der eines Erwachsenen und regeneriert sich schneller."

Trotzdem hatten wir Angst, als die Ärztin den Jungen untersuchte: War wirklich das Schlimmste überstanden? Waren keine neuen Symptome aufgetreten? Das Blutbild zeigte keine besonderen Auffälligkeiten. Aber wie stand es mit der Lunge, die doch der Hauptort für eine Metastasierung ist (gefolgt von Leber und Lymphknoten)? Auch die Röntgenuntersuchung gab keinen Hinweis darauf, daß sich Metastasen gebildet hatten. Nun sah es fast so aus, als lägen die schlimmsten Zeiten hinter uns.

Wir kamen mit der Ärztin überein, auf eine weitere Spritzentherapie mit dem Medikament „Actinomycin D" mit Blick auf die seelische Gesundheit des Kindes zu verzichten. Es wäre eine grausame Strapaze für den Jungen geworden: eine Spritze täglich – und zwar fünf Tage hintereinander. Wiederholung nach sechs Wochen, dann alle drei Monate. Insgesamt wären es sechs Kuren innerhalb von fünfzehn Monaten gewesen. Dazu dann die üblichen Begleiterscheinungen: Übelkeit, Erbrechen, Appetitlosigkeit... Diese Qual wollten wir dem Jungen ersparen.
So beschlossen wir, das Kind nur noch den normalen Kontrolluntersuchungen zu unterziehen – mit einer Untersuchung des Blutbildes und des Urins, der Durchleuchtung der Lunge und dem gelegentlichen Röntgen der einen Niere. Die zweite Untersuchung sollte in drei Monaten stattfinden, die drei nächsten Kontrollen in Intervallen von sechs Monaten und die drei letzten in Zeiträumen von einem Jahr. Insgesamt also fünf Jahre! „Dann wissen wir endgültig", sagte die Ärztin, „daß alles überstanden ist."
Das war eine lange Zeit der weiteren Ungewißheit, aber wir haben alles gern auf uns genommen. Inzwischen holte Tobias – trotz gelegentlicher Rückschläge – weiter auf. Sein Appetit entwickelte sich gut, die Gewichtszunahme war zufriedenstellend, das Einnässen verschwand, die Blässe ging zurück und vor allem: Seine traurigen Augen erhielten ihren ehemals kindlichen Glanz wieder zurück.
Nachdem auch die zweite Kontrolluntersuchung gut verlaufen war, gaben wir Tobias in den Kindergarten. Er brauchte dringend den Kontakt mit anderen Kindern, da er einen großen Nachholbedarf hatte. Wir waren da-

von überzeugt, daß sich der Eintritt in den Kindergarten positiv auf das Kind auswirken würde.
Und in der Tat: Nach anfänglichen Schwierigkeiten trug Tobias jeden Tag stolz sein weinrotes Vespertäschchen in den Kindergarten. Er war begeistert von der schönen neuen Umgebung, von den Liedern und Spielen und von der Erzieherin. Auch die Erzieherin – eine Ordensschwester, die sich liebevoll seiner annahm (ohne ihm einen Sonderstatus einzuräumen) – war mit ihm zufrieden.
Und auch wir daheim waren mit dem Jungen sehr zufrieden: Als er eines Tages mit zerrissenen Hosen nach Hause kam, freute ich mich riesig. Er hatte getobt – wie andere Kinder auch. Beinahe hätte ich dem Kind meine Freude darüber gezeigt, doch es gelang mir noch rechtzeitig, diesen Impuls zu zügeln. Aber ich war im stillen sehr froh über die neuerwachte Aktivität und den Bewegungsdrang unseres Sorgenkindes.

Letzte Untersuchung: Tobias ist geheilt!

Am 30. Juni 1978 brachten wir Tobias – inzwischen acht Jahre alt geworden – zur letzten Kontrolluntersuchung. Es ging dem Jungen unverändert gut. Er war groß geworden und besaß wieder eine gesunde Gesichtsfarbe. Damit er sich auch seelisch ganz von seiner Krankheit erholen konnte, hatten wir ihn für ein Jahr von der Einschulung zurückstellen lassen. Inzwischen lag das erste Grundschuljahr bereits hinter ihm.
Die Ärztin machte wieder alle Untersuchungen: Blut – Urin – Niere. Auch diesmal warteten meine Frau und ich natürlich mit Bangen auf das Untersuchungsergeb-

nis. Doch dann kamen die erlösenden Sätze: „Tobias ist gesund. Er ist geheilt. Wenn jetzt irgend etwas auftreten sollte, hat dies mit der ursprünglichen Erkrankung nichts mehr zu tun. Sie können glücklich sein!" Die Ärztin drückte den Jungen ganz fest an sich.
Ja, jetzt gehörten wir zu den wahrhaft Glücklichen! Wir hatten den Wettlauf gegen den Krebs gewonnen.

Das Gefühl der Dankbarkeit

Inzwischen sind elf Jahre nach der Erkrankung und sechs Jahre nach der Heilung unseres Sohnes vergangen. Tobias ist jetzt vierzehn Jahre alt und fast schon so groß wie seine Eltern. Aus dem mageren „Bübchen" wurde in der Zwischenzeit ein kräftiger Junge, der die Klasse 8 eines Gymnasiums besucht.
Wie alle Kinder seines Alters kann der Junge launisch und eigensinnig, bockig und trotzig sein; auf der anderen Seite ist er aber auch ebenso fröhlich und herzlich, kann von erfrischender Ausgelassenheit sein. Manchmal allerdings habe ich den Eindruck, daß er durch das, was er in der frühen Kindheit mitgemacht hat, etwas von der ursprünglichen kindlichen Fröhlichkeit verloren hat. Er begegnet zum Beispiel anderen Menschen auf Anhieb nicht so spontan und unbefangen wie sein Bruder, sondern etwas vorsichtiger und zurückhaltender.
Gern läßt sich Tobias von „früher" erzählen: wie das war, als er im Krankenhaus lag, und – vor allem – wie das vor sich ging, als er operiert wurde. Seinen Kameraden und Freunden zeigt er hin und wieder in der Turnstunde oder beim Baden die große Narbe an seinem

Körper: „Hier bin ich operiert worden. Da hat man mir eine Niere herausgenommen." Er freut sich dann an den erstaunten und bewundernden Gesichtern. – Ja, so sind nun einmal Jungen!
Was meine Frau und mich noch heute – nach so vielen Jahren – am meisten bewegt, ist das Gefühl der *Dankbarkeit.* Dankbar zu sein ist, wie wir alle wissen, keine einfache Aufgabe, wo soviel Undankbarkeit um uns herum das Leben erschwert. „Undank ist der Welt Lohn" oder „Undank ist die linke Hand der Selbstsucht", sagt der Volksmund, und oft schon haben bittere Erfahrungen die Richtigkeit dieser Lebensweisheiten bestätigt.
Durch die Krankheit unseres Jungen haben wir wieder gelernt, dankbar zu sein. Fünf Jahre sind wir einen dornigen Weg gegangen (manchmal schien es uns fast ein Weg durch die Hölle!), aber wir waren nie allein. Von allen Seiten haben wir Hilfe bekommen und viel Gutes erfahren. Wir brauchten nicht zu resignieren.

– Dankbar sind wir allen, die die Krankheit unseres Sohnes in irgendeiner Form begleitet haben: den vielen Verwandten und Bekannten, den Ärzten, den Helfern im Krankenhaus, den Mitarbeitern in der Firma... Alle haben uns – jeder auf seine Weise – in den vielen schweren Stunden unterstützt, am Tage und in der Nacht.

– Dankbar sind wir für alle Erfahrungen und Erkenntnisse, die wir in diesen Jahren gewinnen durften: zum Beispiel, daß bestimmte Werte nicht hoch genug eingeschätzt werden können, wie Zuwendung, Hilfsbereitschaft, Freundschaft, Zusammenhalt; daß das Glück des

Menschen nicht im Geld, im Besitz, im Luxus, im Geschäftemachen, im Leisten und Genießen liegt; daß man gute, besonders gesunde Tage nicht als selbstverständlich ansehen soll; daß man auch in schlechten Tagen die Hoffnung und die Geduld nie aufgeben darf...

– Dankbar sind wir vor allem Gott, der uns die Kraft gegeben hat, das uns auferlegte Kreuz zu tragen und uns nicht von ihm erdrücken zu lassen; der uns geholfen hat, die Krankheit unseres Sohnes anzunehmen und sinnerfüllt zu bewältigen; der uns durch das Gebet immer wieder Trost und Zuversicht geschenkt hat; der uns den Mut gegeben hat, in besonders schwierigen Situationen weiter durchhalten zu können.

Von einer Frau, die einen schwerkranken Mann und ein behindertes (mongoloides) Kind zu betreuen hat, habe ich einmal einen bedeutsamen Ausspruch gehört. Auf die Frage, wie sie die ganze Arbeit nur jeden Tag fertigbringe und dabei noch so ausgeglichen und froh sei, sagte sie: „Ich tue alles, was in meinen Kräften steht. Alles andere überlasse ich getrost dem Herrgott." Meine Frau und ich haben am eigenen Leib erfahren, wie richtig – und wie wichtig – diese Aussage ist.
Daß Tobias heute in Gesundheit lebt, ist trotz aller Bemühungen nicht ausschließlich menschliches Verdienst. Wir haben zwar das Glück gehabt, gute Ärzte gefunden zu haben, aber die letzte Hilfe kam doch „von oben". Wie sagte einst Jesus zu der kananäischen Frau und zum Hauptmann von Kafarnaum? „Dein Glaube hat dir geholfen!"

Ein Wort zum Schluß

Auch Sie, liebe Leser, werden in Ihrem Leben vor vielen Fragen, Problemen und schwierigen Situationen stehen, die Ihnen großes Kopfzerbrechen bereiten. Die Sorgen und Nöte kommen ganz plötzlich, unerwartet, ungebeten – ob wir wollen oder nicht.
Ich habe in diesem Buch von meinen Sorgen erzählt. Sie haben vielleicht schon viel größere durchgemacht oder leiden gegenwärtig darunter. Ohne lange zu überlegen, könnten Sie mir sicher eine ganze Liste von Sorgen nennen, die Sie bedrücken und belasten.

- Die Kinder haben sich ganz anders entwickelt als erwartet: Sie gehen nicht mehr in die Kirche, nehmen Rauschgift, haben schlechten Umgang...
- Der gewünschte berufliche Aufstieg ist nicht geglückt.
- Eine enge Freundschaft ist zerbrochen.
- Wirtschaftlich geht es Ihrer Familie nicht gut.
- Die Nerven sind zerrüttet...

Viele haben mich in den letzten Jahren gefragt, wie man mit Leid und Unglück, Elend und Jammer fertigwerden kann, wie man sie am besten meistert. Da ist guter Rat teuer.
Trotzdem wage ich ein paar Hinweise, die mir in meinem Leben besonders geholfen haben:

1. Geben Sie die Hoffnung nicht auf!

Die Hoffnung ist eine geheimnisvolle Kraft, die das Unmögliche möglich macht. Ohne Hoffnung kann niemand leben: „Hoffnung verloren – alles verloren."

Wer nicht mehr an eine – an seine – Zukunft glauben kann, muß logischerweise verzweifeln. Der Mensch ist so gebaut, daß er immer auf etwas *zu*-leben muß. Er ist einer, der immer auf etwas *wartet.* Er braucht die Hoffnung so notwendig wie der Fisch das Wasser, der Vogel die Flügel oder die Lunge die Luft.

Was ein Fahrrad ohne Kette ist, das ist ein Mensch ohne Hoffnung. Hoffnungslosigkeit – gemeint ist das „Nichts-mehr-Erwarten" – kann einen das Leben kosten.

Arthur Jores berichtet in seinem Buch „Menschsein als Auftrag"* von einem Kriegsgefangenen, der vier Jahre lang die Gefangenschaft in Sibirien ausgehalten hat. Eines Tages findet er ihn völlig zusammengebrochen auf einer Bank sitzen. Auf die Frage, was ihm „fehle", zeigt er dem Lagerarzt einen Brief von seiner Frau aus Deutschland. Sie schreibt ihm, sie habe die Absicht, sich von ihm scheiden zu lassen. Sie habe inzwischen einen Mann kennengelernt, mit dem sie sich bestens verstehe. Sobald er aus der Gefangenschaft entlassen sei, werde sie die Scheidung einreichen. Für diesen Mann war eine Welt zusammengebrochen. Nach 48 Stunden war der Mann tot – gestorben an Hoffnungslosigkeit.

Mit der Hoffnung ist nicht zu spaßen. Sie ist eine ernste, wichtige, ja lebensnotwendige Sache. Und so ist es kein Wunder, wenn die moderne Literatur immer

---

* Verlag Hans Huber, Stuttgart/Bern [4]1978.

wieder das Thema Hoffnung aufgreift. Ich nenne bedeutende Männer wie Jürgen Moltmann (Tübinger Theologe), Ernst Bloch (Vertreter des Marxismus) und Alexander Solschenizyn (russischer Schriftsteller).

2. Setzen Sie Ihr ganzes Vertrauen auf Gott!

So groß Ihre Sorgen auch sein mögen, Gott kann alles zum Besten wenden. „Er ist größer als unser Herz" (1 Joh 3, 20). ER hat den nötigen Ein-blick, Aus-blick, Über-blick und Weit-blick.
Ohne Gott können wir nichts tun, sind wir allein in unserem Leid. Der Schriftsteller Jochen Klepper (1903–1942), der in seinem Leben viel mitgemacht hat, drückt das so aus:

„Ohne Gott bin ich ein Fisch am Strand,
ohne Gott ein Tropfen in der Glut,
ohne Gott bin ich ein Gras im Sand
und ein Vogel, dessen Schwinge ruht.
Wenn mich Gott bei meinem Namen ruft,
bin ich Wasser, Feuer, Erde, Luft."

3. Vergessen Sie nie das Gebet!

Wer betet, bleibt menschlich, findet Trost in seinem Leid. Im Gebet kann sich der Mensch geben, wie es ihm ums Herz ist. Gott braucht nicht unser Gebet, aber *wir* brauchen das Gebet. Im Gebet kommen die Dinge wieder „ins Lot".
Der Philosoph Professor Peter Wust (1884–1940) hat einmal gesagt: „Das Gebet, als letzte Hingabe gefaßt, macht still, macht kindlich, macht objektiv. Die großen

Dinge des Daseins werden nur den betenden Geistern geschenkt. Beten lernen aber kann man am besten im Leiden."

Wie solches Sprechen mit Gott aussehen kann, zeigt das folgende Gebet einer vom Schicksal getroffenen Mutter:

„Zuerst fürchteten wir,
unser Kind könnte blind sein,
weil es auf keine unserer Gesten reagierte.
Doch es ist viel schlimmer,
es ist schwachsinnig.
Dabei stammen mein Mann und ich
aus kerngesunden Familien.
Mein Gott, warum hast Du das zugelassen?
Wir wissen, daß noch nicht einmal ein Sperling
ohne Deinen Willen zur Erde fällt.
Dennoch hast Du es geduldet, daß unser Kind so
schwer geschädigt zur Welt kam.
Nie wird es einen Spielgefährten finden,
nie eine normale Schule besuchen können.
Die menschliche Sprache wird es nur sehr
unvollkommen beherrschen.
Mein Gott, Du kannst es doch nicht gewollt haben,
daß uns so namenloses Elend trifft?
Ich weiß, daß mein Verstand viel zu gering ist,
als daß ich Deine Wege begreifen könnte.
Schon Abraham verstand Deine Forderung nicht,
als Du von ihm verlangtest,
seinen einzigen Sohn zu opfern.
Dennoch hat er nicht gezögert,
Deinen Willen zu erfüllen.
Herr, ich habe nicht die Kraft eines Abraham.
Ich bäume mich gegen das Unheil auf!

Ich will es nicht haben!
Doch ich weiß,
daß mein Aufbegehren sinnlos ist.
Mein Kind braucht mich.
Es hat niemand auf der Welt als mich.
Nie wird ihm ein anderer Mensch etwas bedeuten.
Herr, gib mir die Kraft,
daß ich für das gestörte Verhalten meines Kindes
Verständnis aufbringe.
Laß mich sein Unvermögen nicht als
Bösartigkeit einschätzen.
Lehre mich, gütig und geduldig zu sein.
Noch ist die Wunde in mir so frisch,
daß ich es nicht vermag, mich in
Deinen Willen zu fügen.
Hilf DU mir, das Kreuz auf mich zu nehmen."*

Ob Sie mit diesen drei Ratschlägen etwas anfangen können? Unser Leben hängt, das ist meine Erfahrung, nicht unwesentlich davon ab, ob wir sie in uns aufnehmen, be-denken, über-denken oder auch mit dem Ehepartner oder jemandem, der uns nahesteht, be-sprechen.

---

* Aus: Ingeborg Pacher/Eva Maria Rahlfs: Irgendwann aufbrechen. Echter Verlag, Würzburg 1972, S. 37.

Vom selben Verfasser erschienen:

Christa und Reinhard Abeln

Ich mag dich, lieber Gott

Bildergebetbuch der Kinder
bis zum Schulalter

64 Seiten. 30 farbige Bilder. Gebunden.
ISBN 3-7666-9316-6

Farbenfrohe Bilder zeigen die bunte Welt der Kinder, nicht nur die heile Welt. Die Gebete sind kindlich einfach und können leicht entsprechend der Bildbetrachtung verändert werden.
Für Eltern und Erzieher, die Hilfen für die Gebetserziehung suchen.

Reinhard Abeln (Herausgeber)

bitten – danken – loben

Gebetbuch für Kinder

96 Seiten. 8 Fotos von Hartmut Vogler.
Kartoniert.
ISBN 3-7666-9317-4

Für Kinder ab 8 Jahren, die selber beten möchten.
Die Sammlung enthält Gebete der Kirche, frei formulierte Gebete und kindgemäße Texte. Sie zeigen, wie Mädchen und Jungen mit Gott sprechen können.

Verlag Butzon & Bercker · Kevelaer

Ein Gebetbuch für Kinder, wenn sie krank sind

Klaus Recker

Wenn ich krank bin

Kindergebete

40 Seiten. 4 Fotos. Kartoniert.
ISBN 3-7666-9123-6

Der Krankenhausseelsorger Klaus Recker schrieb dieses Gebetbuch für kranke Kinder. Eltern, Schwestern und Krankenpflegern gibt er Hilfen, um mit Kindern über Jesus zu sprechen, der die Kranken heilt.
Ein Buch, das dem Kind und seinen Angehörigen Hoffnung gibt. Denn Hoffnung hilft heilen.

Verlag Butzon & Bercker · Kevelaer